AF474956

GÉNÉALOGIE HISTORIQUE

DE LA MAISON

DE CHANALEILLES

SEIGNEURS
DE CHANALEILLES, DE LA VALETTE, DU VILLARD, DE SAINT-CIRGUES,
DE FABRAS, DE VALS, DU PIN, D'UCEL,
DE RETOURTOUR, DU VERGIER, DU BUISSON, DE MONTPEZAT, DU ROUX, DES ÉPERVIERS,
DE SAINT-PIERRE DU COLOMBIER, DE COLLANGES,
DE LA SAUMÈS, DE JOYEUSE, DES VANS, DE JAGONAS,
DE SERVIÈRES, DE NAVES, DE CASTELJAU, DE RIBES,
DU PETIT-PARIS, DE SAINT-ANDRÉ-LA-CHAMP, DE LA BLACHÈRE, DE JALAVOUX,
ETC., ETC.;
MARQUIS DE CHANALEILLES, DE MONTPEZAT, DU VILLARD,
DE CHAMBONAS ET DE LA SAUMÈS;
BARONS DE RETOURTOUR, DES ÉPERVIERS, DE JAGONAS,
DE CASTELNAU-D'ESTRETTEFONDS,
EN GÉVAUDAN, EN VIVARAIS ET EN LANGUEDOC.

ARMES DE CHANALEILLES

GÉNÉALOGIE HISTORIQUE

DE LA MAISON

DE CHANALEILLES

SEIGNEURS
DE CHANALEILLES, DE LA VALETTE, DU VILLARD, DE SAINT-CIRGUES,
DE FABRAS, DE VALS, DU PIN, D'UCEL,
DE RETOURTOUR, DU VERGIER, DU BUISSON, DE MONTPEZAT, DU ROUX, DES ÉPERVIERS,
DE SAINT-PIERRE DU COLOMBIER, DE COLLANGES,
DE LA SAUMÈS, DE JOYEUSE, DES VANS, DE JAGONAS,
DE SERVIÈRES, DE NAVES, DE CASTELJAU, DE RIBES,
DU PETIT-PARIS, DE SAINT-ANDRÉ-LA-CHAMP, DE LA BLACHÈRE, DE JALAVOUX,
ETC., ETC.;
MARQUIS DE CHANALEILLES, DE MONTPEZAT, DU VILLARD,
DE CHAMBONAS ET DE LA SAUMÈS;
BARONS DE RETOURTOUR, DES ÉPERVIERS, DE JAGONAS,
DE CASTELNAU-D'ESTRETTEFONDS,
EN GÉVAUDAN, EN VIVARAIS ET EN LANGUEDOC.

PARIS.—IMPRIMÉ CHEZ BONAVENTURE ET DUCESSOIS, QUAI DES GRANDS-AUGUSTINS, 5

GÉNÉALOGIE HISTORIQUE

DE LA

MAISON DE CHANALEILLES.

D'or, à trois levriers de sable, colletés d'argent, courant l'un sur l'autre.
Couronne de marquis.
Tenants : deux anges.
Cimier : une tête de cheval.
Devise : *Fideliter et alacriter.*
Légende : *Canes ligati* (chiens liés, armes parlantes).
Cri de guerre : *Cana Neleis.*

On a prétendu que la maison de *Chanaleilles,* appelée aussi *Chananeilles,* descend des anciens rois de la Grèce, et qu'elle remonte à Nélée, fils de Codrus, dernier roi d'Athènes. On sait, en effet, que Nélée avait institué des fêtes en l'honneur de Diane, qu'il surnomma Neleis, d'après son nom, et qui fut ensuite appelée par les Romains *Cana Neleis* (la blanche Diane). On rapporte que se trouvant banni de sa patrie, à la mort de Codrus, lorsque les Athéniens renversèrent le gouvernement monarchique et lui substituèrent le gouvernement républicain, Nélée vint se réfugier en Germanie, où sa postérité se perpétua parmi les Francs, qui vinrent plus tard conquérir la Gaule. Ce fut, dit-on, pour rappeler le souvenir de ce prince et celui de la blanche Diane, sa patronne, que longtemps après, à l'époque des croisades, les Chananeilles adoptèrent pour armoiries trois levriers, attributs de cette déesse chasseresse.

Quoi qu'il en soit du plus ou moins de fondement de cette prétendue origine royale, il est certain que la maison de Chananeilles est une des plus anciennes de France, et qu'elle descend des Francs. Elle s'est établie dans le Gévaudan et dans le Vivarais, et la terre de Chanaleilles, dans le département de la Haute-Loire, porte encore le nom de cette maison. Ce nom est écrit alternativement, dans les titres anciens, *Cananeleis*, *Cananellis*, et quelquefois *Canalellis*, et l'orthographe française a été longtemps incertaine entre

Chananeilles et *Chanaleilles*. Cependant depuis les temps modernes il s'est écrit plus généralement Chanaleilles, la prononciation en étant moins difficile.

La maison de Chanaleilles produisit une partie de ses titres au cabinet des ordres du roi, en 1785, pour faire ce que l'on appelait alors *les preuves des carrosses*, et obtenir les honneurs de la cour, qui lui furent accordés le 3 novembre de la même année. L'original de ces preuves, signé par Chérin, généalogiste du roi, se trouve déposé à la Bibliothèque royale, à Paris, et il en existe un extrait abrégé aux archives du royaume. Nous donnons ici la généalogie de la famille de Chanaleilles, d'après ces preuves des carrosses, et nous y ajouterons seulement quelques autres titres qui ne furent point produits à M. Chérin par la branche de la famille qui fit les preuves des carrosses. Ce sont des chartes très-curieuses par leur ancienneté et leur conservation, qui se trouvent en la possession de la branche aînée des marquis de Chanaleilles, et nous les citerons textuellement lorsqu'il y aura lieu.

La maison de Chanaleilles a fait également des preuves pour l'ordre de Malte et pour l'entrée aux états de Languedoc. Ces preuves constatent littéralement sa filiation depuis sept siècles, soutenue par de belles alliances, de riches possessions seigneuriales et de nombreux services d'épée.

Un seigneur de Chanaleilles accompagna à Naples Lothaire, fils de Louis Ier, dit le Débonnaire, et périt ensuite en 841, à la bataille de Fontenay.

Un autre seigneur de Chanaleilles se trouve cité parmi les plus illustres chevaliers qui accompagnèrent, en 1096, Raymond de Saint-Gilles, comte de Toulouse, à la première croisade [1].

I. GUILLAUME Ier DE CHANALEILLES rendit hommage de sa terre de Chanaleilles, en 1130, à l'église de Notre-Dame du Puy, conformément à ce qui avait été fait par ses ancêtres. C'est à lui que commence la filiation

[1] Voyez les chroniques et les manuscrits *originaux* de Pons de Balazuc et de Raymond des Agiles, chanoine du Puy, historiens de cette croisade, dont il n'a été publié qu'une partie abrégée dans le recueil de Jacques Bongars, intitulé : *Gesta Dei per Francos, sive orientalium expeditionum et regni Francorum hierosolymitani scriptores varii cœtanei, in unum editi; Hanau*, 1611. On distinguait parmi ces seigneurs Eustache d'Agrain, qui devint prince de Sidon et de Césarée, vice-roi et connétable du royaume de Jérusalem, et mérita la glorieuse dénomination d'épée et de bouclier de la Palestine; Héracle, vicomte de Polignac; Raymond Pelet, R. de Turenne, Pons de Fay, Hugues de Monteil; Amanieu, sire d'Albret; Robert de Vieuxpont, Robert de Boves, P. de Chalençon, Adhémar de Monteil, évêque du Puy, légat du pape; L. de Garlande, B. d'Anduse, Bernard de Montlaur, N... de Rochemaure, Pons de Thésan, Godefroy de Randon, B. de Chambarlhac, N.... de Beauvoir, N.... du Roure, Bernard de Montagnac, B. de La Garde, Gaultier de Castellane, Raymond de Hautpoul, Gilbert de Tournon, M. de Ginestous, G. DE CHANALEILLES, A. de Villeneuve, Golfier de Laron, seigneur de Hautfort; G. de La Tour, N..., de La Fare, Gérard du Pouget, Aldebert de Pierre, Guillaume de Sabran, N.... des Porcellets, Roger de Montmorin, Olivier de Rochefort, Raymond des Agiles et Pons de Balazuc. (Cette note est extraite du *Dictionnaire universel, historique, critique et bibliographique* de Chaudon et de Landine, imprimé par Prudhomme, 9e édit. (1810), au mot d'*Agrain*, t. V, p. 298.)

directe et non interrompue de la maison de Chanaleilles. Il eut pour fils :

1° Hélye qui suit ;

2° Guillaume de Chanaleilles, deuxième du nom, chevalier du Temple, en 1153, lequel fit donation à son ordre du domaine de *Varneris*, qu'il avait acquis ; et comme ce fief relevait de la couronne, Louis VII, dit le Jeune, approuva cette donation et la scella de son sceau royal.

Cette charte précieuse de 1153 qui se trouve dans les archives du marquis de Chanaleilles, est ainsi conçue :

In nomine sancte et individue Trinitatis, amen. Ego Ludovicus, Dei gratia rex Francorum, notum facimus universis presentibus pariter et futuris, quod dominus WILLELMUS DE CANALELLIS, frater Templi effectus, ipsam domum et domus exaltationem officiosissime diligens, comparavit feodum de Varneris et ipsum templo donavit; in quo etiam nos requisiti, quum in feodo nostro constabat, assensum nostrum dedimus et pro immutabili firmitate presentem paginam sigillo nostro communiri fecimus, subter inscripto nominis nostri karactere.

Actum publice Parisius, anno ab incarnatione Domini millesimo centesimo quinquagesimo tertio, astantibus in palatio nostro quorum subtytulata sunt nomina et signa. Domus nostra sine dapifero tunc erat : S. Guidonis, buticularii; S. Mathie, constabularii; S. Mathie, camerarii.

Data per manum Hugonis Cancellarii.

Le nom et les armes de ce chevalier du Temple figurent dans les salles des Croisades du palais de Versailles.

II. HÉLYE Ier DE CHANALEILLES rendit le même hommage que son père au chapitre du Puy, en 1180. Il eut pour fils :

III. ARNAUD DE CHANALEILLES, seigneur de Chanaleilles, qui reçut, en 1206, l'hommage que lui rendit Durant de Charpin, damoiseau, pour tous les biens qu'il possédait dans la paroisse de Saint-Maurice et dans la ville de Saugues. Ce titre d'hommage existe dans les archives du marquis de Chanaleilles. Il prouve la descendance de deux fils d'Arnaud : Guillaume, deuxième du nom, et Bernard, premier du nom. Il atteste également qu'Arnaud était seigneur de Chanaleilles, près la ville de Saugues, dans le Gévaudan. Ce titre est ainsi conçu :

Ego Durantus Charpini, domicellus, notum facio universis quod confessus fui et recognovi coram nobili viro ARNALDO, domino DE CANANELLIS, me habere et tenere in feudum francum, ipso Arnaldo presente et recipienti quicquid habeo apud Sanctum

Mauricium, a viâ que exit ab ecclesiâ predicti loci et vadit apud feudum Guillelmi de Altoforti; item ea que habeo apud molendinos et in pertinentiis et feudis que tenent ibi Petrus et Bernardus de Monteacuto; item feudum Guillelmi de Cheilardo apud Godoletum cum omnibus pertinenciis suis; item quemdam ortum in villâ de Salgiis ante domos Guillelmi et Bernardi liberorum predicti nobilis domini Arnaldi. In cujus rei testimonium presentibus litteris sigillum meum apposui. Datum anno Domini millesimo ducentesimo sexto.

L'original est scellé d'un sceau en cire jaune représentant un chevalier.

Arnaud de Chanaleilles eut pour enfants :

1° Guillaume II, dont l'article suit;

2° Bernard de Chanaleilles, premier du nom, cité dans l'hommage reçu par son père en 1206;

D'AUROUX, losangé d'or et d'azur, à la bordure de gueules.

3° Hélye de Chanaleilles, deuxième du nom, vivant en 1240, marié à Astorge d'Auroux, arrière-petite-fille de Bernard, seigneur d'Auroux, près le Puy, et d'Aubusson, qui vivait en 1091;

4° Riche de Chanaleilles, mariée, en 1212, à Payan de Rochon, seigneur de Saint-Martin-le-Vieux, dans le diocèse de Carcassonne. (L'original de ce contrat de mariage se trouve déposé aux archives du royaume, trésor des chartes, carton 1034.)

IV. Guillaume II de Chanaleilles, seigneur de Chanaleilles, cité avec son frère Bernard dans l'hommage reçu par leur père en **1206**. Il rendit lui-même hommage de sa terre de Chanaleilles au chapitre du Puy, en **1228**, ainsi qu'il avait été fait par ses prédécesseurs. Il eut pour fils :

1° Bernard de Chanaleilles, qui suit;

2° Raymond, dont l'article viendra après celui de son frère aîné;

3° Pierre de Chanaleilles, cité dans une charte de 1249;

4° Jausselin de Chanaleilles, abbé de Mazan en 1289, qui contracta un acte public avec Noble de Montlaur (Archives de la préfecture de Privas, Ardèche.—Cartulaire de l'abbaye de Mazan).

5° Robert de Chanaleilles, chevalier du Temple en 1293, cité, dans le procès des Templiers, comme témoin à la réception de Garnier de Venesi (page 81 du manuscrit qui se trouve aux archives du royaume).

V. Bernard de Chanaleilles, deuxième du nom, chevalier, seigneur de Chanaleilles, est cité dans une charte de l'an **1249**, de Guy de Dampierre et de Béraud de Mercœur, sous le règne de Robert V, comte d'Auvergne, à l'occasion du partage de plusieurs églises de cette province. Cette charte est souscrite par les plus grands seigneurs du pays, au nombre desquels se trouve Bernard de Chanaleilles. (Preuves de la maison d'Auvergne, par Baluze, t. II, p. 107.) Il rendit un hommage, en 1266, au comte de Toulouse avec son frère Raymond, ainsi qu'il avait été fait par feu leur père Guillaume. Cet hommage existe dans les archives du marquis de Chanaleilles. Il prouve que Bernard, chevalier, et son frère Raymond, damoiseau, étaient fils de Guillaume ; en voici la teneur :

Anno Domini millesimo ducentesimo sexagesimo sexto, videlicet septimo idus Januarii, sit notum omnibus tam presentibus quam futuris quod ego BERNARDUS DE CANALELLIS, miles, et ego Remundus de Canalellis, domicellus, fratres, filii condam domini Willelmi de Canalellis et heredes, jurati de veritate dicenda, confitemus et recognoscimus, sub juramento a nobis corporaliter prestito, vobis Johanni Eurardi, Castellani castri de Vouta, stipulanti et recipienti nomine domini comitis Tholosani et Alverniensis, nos tenere ad feudum ab ipso domino comiti omnia et singula que nominata et contenta sunt in recognitione facta per dictum dominum Willelmum de Canalellis, quondam patrem nostrum et vobis sub eadem forma et sub eodem juramento eandem quam ipse fecit facimus recognitionem, promittentes vobis nomine predicti domini comitis, obedientiam, juvamentum et fidelitatem sub virtute prestiti juramenti et eidem, ipsius vel suorum monitioni homagium nos facturi. Hec acta fuerunt apud Voutam in presencia et testimonio Roberti Guitarti Capellani de Vouta, P. Remundi Cappellani, Willelmi de Lansaco, militis, Hugonis Antoninii, domicelli, R. Durandi, Johannis Sessiax et mei B. Ruffi, publici notarii de Vouta, qui de mandato utriusque partis hec scripsi et meum apposui sequens signum.

Il donna aussi une quittance de six cents livres au roi Philippe III, en 1270, au camp devant Carthage, immédiatement après la mort de saint Louis, à la septième croisade, suivant la convention faite par-devant noble homme, l'empereur de Constantinople, pour son passage d'outre-mer. Cette quittance existe dans les archives du marquis de Chanaleilles. Elle est très-curieuse par ses détails et par sa teneur ainsi conçue :

Universis presentes litteras inspecturis, BERNARDUS, dominus DE CANANELLIS, miles, salutem. Noveritis nos recepisse et habuisse a karissimo domino nostro Philippo, Dei gratia serenissimo rege Francorum, per manus Petri Michaelis et Petri dicti Barbe, pistorum dicti regis, sexcentas et sexaginta sex libras turonenses et tredecim solidos et quatuor denarios, ratione conventionis, ex parte viri nobilis imperatoris Constantinopolitani nobiscum habite, de itinere transmarino, et ducentas libras turonenses pro restauratione unius equi et sexaginta libras turonenses pro robis nostris et de omnibus predictis denariis tenemus nos penitus pro pagatis. In cujus rei testimonium, predictis Petro Michaeli et Petro Barbe, presentes litteras sigillo nostro dedimus sigillatas.

Actum in castris juxta Carthaginem, die sabbati post festum omnium sanctorum, anno Domini millesimo ducentesimo septuagesimo.

L'original est scellé d'un sceau en cire rouge représentant un chevalier avec ces mots pour légende : *Sigillum Bernardi.*

Le vendredi avant le dimanche des Rameaux de l'an 1283, il vendit à Hugon et à Bertrand de la Saumès certaines censives du mandement de Joyeuse, avec le droit de rompre le pain vénal au même lieu. Cet acte fut reçu par Étienne de Brive, notaire royal, ainsi qu'un autre du lundi avant la fête de saint Nicolas, 1295, où se trouve rappelé feu Guillaume de Chanaleilles, père de Bernard, et par lequel il donne à Durand de la Saumès et à ses frères tous les droits, hommes, hommages, cens, rentes, usages, quarts, cinquains et autres droits qu'il avait dans la ville de Joyeuse et son mandement, et aux terroirs de Bauzon, de Cebel, de Paliers et du Gras de Joyeuse, ainsi que la quatrième partie indivise de Jamèle. Il paraît être mort sans postérité.

V *bis*. RAYMOND DE CHANALEILLES, damoiseau, était frère cadet de Bernard de Chanaleilles, chevalier, avec lequel il est cité dans l'hommage rendu au comte de Toulouse en 1266. Il paraît qu'il fut le premier de sa maison qui descendit du Gévaudan dans le Vivarais, sans doute en se mariant dans ce pays, car il est dès lors qualifié dans les actes : Seigneur de la terre de La Valette, dont le nom s'est changé plus tard, par altération, en celui du Villard, terre qui n'a cessé depuis cette époque d'appartenir à ses descendants. Il reçut, le 3 octobre 1274, par-devant Bertrand Estorrafit, notaire public à Aubenas, l'hommage-lige que lui firent, les mains jointes, à genoux et le baiser de fidélité intervenant, Guillaume, Pons et Étienne de La Valette, et Jean et Guillaume Jaucelin, habitants du mas de La Valette, situé dans la paroisse de Saint-Cirgues de Jaujac, qu'ils tenaient de lui, comme leur seigneur, sous un certain cens annuel. Raymond eut deux fils :

1° Raymond de Chanaleilles, 2e du nom, damoiseau, qui, par acte du 24 janvier 1301, passé devant Raymond Baudi, notaire royal, fit donation à Béraud de Chanaleilles, son frère, de tous les droits qui lui appartenaient dans la succession de feu Raymond de Chanaleilles, leur père, en maisons, vignes, terres, moulins, fours, droits de juridiction mère et mixte impère, pêche, chasse, etc. Il est également cité comme témoin dans un acte de 1316;

2° Béraud, qui continue la postérité, et dont l'article suit :

VI. Béraud de Chanaleilles, seigneur de Chanaleilles et du château de Vals, près du Puy, premier bailli royal du Velay, sergent d'armes et garde du sceau royal, se trouve cité plusieurs fois dans le cartulaire de l'abbaye de Mazan, comme apposant le sceau royal sur les actes du monastère, depuis 1299 jusqu'en 1318. (Archives de la préfecture de Privas.) Il donna quittance, en 1309, à noble Giraud Adhémar, seigneur de Monteil, et reçut, le 1er novembre 1311, par-devant Géraud Vernède, notaire au Puy, l'hommage et serment de fidélité que lui fit debout, ayant les mains jointes dans les siennes, et en lui donnant le baiser de paix, Raymond Chays, fils de feu Raymond Chays, de la Sauvetat-Chays, au diocèse du Puy, pour tout ce qu'il possédait dans les mas et territoires de Robiey, de Laval, Autucha, La Teuleyra et au château de Laval. Le 10 novembre 1318, Béraud de Chanaleilles, damoiseau, acquit de Jaucelin de Comarque de Castanier, damoiseau, toute la juridiction haute et basse, mère et mixte impère, qui lui appartenait dans les château et mandement de Laval, tant en hommes-liges qu'en autres hommes, cens, rentes, etc., le tout tenu du seigneur de Monlaur, moyennant une somme annuelle de dix-huit livres dix sols. Cet acte fut passé en présence de Hugues de Cambis et de Guillaume de Comarque, damoiseaux, et reçu par Pons de Arriciis, notaire royal. Le 4 décembre de la même année 1318, il passa un accord avec Bernard de La Farge, habitant de Vals, et ne vivait plus le 14 février 1325. Il avait épousé Astorge de Vals, fille et héritière de feu Jean de Vals, damoiseau, avec laquelle il est rappelé dans un hommage rendu par Hélye, leur fils aîné, au seigneur Bertrand de Casalibus. On leur connaît quatre enfants, savoir :

DE VALS, d'argent, à la fougère de Sinople.

1° Hélye, dont l'article suit;

2° Raymond de Chanaleilles, troisième du nom, chanoine de l'église de Notre-Dame du Puy, en 1316, et vivant encore le 1er avril 1339;

3° Pierre de Chanaleilles, abbé de Mazan, cité plusieurs fois dans le cartulaire de l'abbaye;

4° Jean de Chanaleilles, *idem*.

VII. Hélye II de Chanaleilles, damoiseau, seigneur de Chanaleilles, de Vals, du Pin et de Laval, est qualifié fils et héritier universel de Béraud de Chanaleilles, damoiseau, dans un hommage qu'il rendit, le 14 février 1325, et reçu par Fabri, notaire, pour sa seigneurie de Chanaleilles, et pour celle de La Valette, dans le mandement de Jaujac, qu'il tenait à fief franc et noble

(*Titres de la maison de Tournon*[1]). Le 1er avril 1339, Hélye de Chanaleilles fit hommage-lige et serment de fidélité, suivi du baiser de paix, au chapitre de l'église de Sainte-Marie du Puy, pour tout ce qu'il tenait de cette église, en fief, dans les lieux et territoires de Chanaleilles, et dans ceux de Changautier, de la paroisse de Prades, au diocèse de Viviers, excepté le ban et la connaissance et punition de la légère effusion de sang que feu Béraud de Chanaleilles, son père, avait acquis du seigneur de Jaujac, et une vigne que le même Béraud avait acquise de Pons-del-Bret, sous le domaine direct de messire Pons de Chanaleilles, alias *de Iturriana*. L'acte de cet hommage fut passé devant Durand Felgos, notaire royal au Puy. Hélye en fit un semblable, le 20..... de la même année 1339, à noble Bertrand, *seigneur de Casalibus*, et en partie du château de Vals, chevalier, pour tous les biens qu'il tenait, et que ses prédécesseurs avaient tenus dudit seigneur et de ses prédécesseurs, savoir : la moitié, par indivis, de la tour située dans le château de Vals, et la moitié de tous les biens situés dans le mandement du même lieu, qui avaient appartenu à feu noble Audiger de Vals, co-seigneur de Vals. Cet acte fut passé par-devant Étienne de Plano, notaire, en présence de Giraud et Guigues du Chailard, père et fils, de Raimond de Aulaneto, de Gilbert La Romegosa, damoiseaux, et autres seigneurs. Raimond de Juvignac, du mandement de Vals, fit hommage et serment de fidélité, suivi du baiser de paix, à Hélye de Chanaleilles, le 17 avril 1343. Ce dernier ne vivait plus depuis plusieurs années le 18 juin 1362, époque à laquelle Alasie de Montgros, sa veuve, en qualité de tutrice de leurs enfants, fit hommage à Guy, seigneur de Montlaur et de Sabran, chevalier, pour tout ce que feu son mari tenait de lui en fief franc, honorable et noble. Les enfants issus de leur union furent :

DE MONTGROS, d'azur à trois tours d'argent, celles de côté inclinées sur celle du milieu; chaque tour chargée d'une étoile d'or.

1° Pons de Chanaleilles, qui était mort sans postérité, aux croisades, avant le 12 septembre 1384;

2° Valentin de Chanaleilles, qui continue la descendance, et dont l'article viendra ci-après;

3° Raymond de Chanaleilles, chanoine de Magdelaine, qui, le 28 mars 1384 (v. st.), accorda une investiture au nom de Valentin, son frère, qui était alors en Italie;

4° Lombarde de Chanaleilles, mariée : 1° avec Raymond de Bermond, damoiseau;

[1] La branche actuellement existante de la maison de Tournon descend de Louise-Geneviève de Chanaleilles, qui épousa François-Christophe de Tournon, par contrat passé le 26 décembre 1630, à la condition qu'il prendrait le nom et les armes de Chanaleilles. (Voir plus loin). Beaucoup de titres de la maison de Chananeilles ont été portés par elle dans la maison de Tournon.

2° avec Robert de Mercoyrols. Elle fit son testament, le 26 décembre 1407, en faveur de Valentin, son frère;

5° Almodie Ire de Chanaleilles, femme de messire Vincent de Chandolas, légataire de sa sœur, le 26 décembre 1407.

VIII. Valentin de Chanaleilles, premier du nom, damoiseau, seigneur de Vals, du Pin, de La Valette et d'Ucel, près d'Aubenas, accompagna, en 1382, Louis, duc d'Anjou, oncle du roi Charles VI, dans l'expédition que ce prince fit en Italie pour conquérir le trône de Naples, auquel il était appelé par l'adoption de la reine Jeanne. Louis fut le chef de la seconde maison de Naples et périt dans son expédition en 1384. Valentin de Chanaleilles, de retour en France, rendit hommage, le 12 septembre 1384, à Albert de Cadris, co-seigneur d'Entraigues et d'Asperjoc. Il épousa Isabelle du Bosc, fille de noble homme Pierre du Bosc, auquel Valentin de Chanaleilles donna une quittance dotale de soixante et dix francs d'or au coin du roi, par acte passé devant Jean Pouhet, notaire, le 25 juin 1387. Il rendit hommage-lige à Louis, seigneur de Montlaur et d'Aubenas, par-devant Jacques Stevenin, notaire public d'Aubenas, le 22 avril 1404, et ne vivait plus le 20 novembre 1422. Ses enfants furent :

DU BOSC, d'argent, à trois arbres de Sinople.

1° Pierre, dont l'article suit;
2° Almodie IIe de Chanaleilles, mariée, par traité passé devant Garin, notaire, le 20 novembre 1422, avec Pierre de Monjoc, fils de noble Astorg de Monjoc. Elle fut assistée de Pierre de Chanaleilles, son frère, qui lui constitua en dot 1640 livres tournois;
2° Guinette de Chanaleilles, mariée, par traité passé devant Textoris, notaire, le 13 janvier 1434, à Claude de Prunet, fils de noble Louis de Prunet, du lieu de La Voute, au diocèse de Viviers. Pierre de Chanaleilles lui constitua en dot 700 florins.

IX. Pierre de Chanaleilles, qualifié magnifique et puissant homme, chevalier, seigneur du Pin, de Vals, d'Ucel et de La Vallette, grand bailli d'épée du Vivarais et du Valentinois. Ce fut en récompense de son dévouement et de ses services que le roi Charles VII réunit, en 1437, la charge de bailli d'épée du Valentinois à celle du Vivarais, dont il était déjà en possession depuis 1427. Il rendit hommage et prêta serment de fidélité, le 23 août 1427, à Philippe de Lévis, seigneur de La Roche en Reynier, par-devant Eustache Valentin, notaire; passa un compromis, le 15 août 1456, avec Pierre de Carrière, fils de Jean, de la paroisse de Fabras; est nommé dans un acte passé au château de Meyras, devant Teyssier, notaire, le 11 avril 1456, par lequel Agnès de Chanaleilles, sa fille, renonça en faveur de l'héritier qu'il devait instituer à tous ses droits sur les successions paternelle et maternelle, au moyen de la somme de 800 florins d'or qu'il lui avait constitués en dot. Cet acte fut passé en présence d'Antoine de Lévis, comte de Villars, Barthélemi du Bourg-Juif, docteur en théologie, official de Nîmes, Guillaume du Bourg-Juif, docteur ès-lois, lieutenant du sénéchal de Beaucaire et de Nîmes, noble Olivier de Caritat, etc., etc. Le 6 décembre de la même année 1456, le roi Charles VII accorda des lettres d'attribution de causes à son féal chevalier noble Pierre de Chanaleilles, seigneur du Pin et de Vals, et ce monarque lui écrivit pour le remercier des services qu'il lui avait rendus à la tête de ses vassaux (*Titres de la maison de Tournon*). Il est nommé dans un acte du 6 août 1458; fit une vente le 17 février 1462, et ne vivait plus le 9 avril 1478. Il avait épousé noble Agnès de Castrevieille, et fut père de :

DE CASTREVIEILLE.

1° Valentin de Chanaleilles, deuxième du nom, seigneur du Pin et de Vals, qui fit hommage-lige à François, seigneur d'Apchier, le 9 avril 1478. Par acte du 20 octobre 1486, il arrenta, pour six années, à honorable maître Raymond Roche, époux de noble Isabelle de Monjoc, fille et héritière de noble Laurent de Monjoc, tous les cens qu'il percevait sur les hommes de son mas de La Valette; il ne vivait plus le 15 février 1501, et eut pour enfants :

- *A.* Émeraud de Chanaleilles, écuyer, seigneur du Pin, et en partie du château de Vals, qui était au service du roi, en Italie, le 15 février 1501, époque à laquelle Guillaume de Chanaleilles, son oncle, rendit un hommage en son nom. Il mourut sans alliance;
- *B.* Marguerite de Chanaleilles, qui était veuve de noble homme Jacques de Madières, seigneur d'Aubaignes, près de Lodève, lorsqu'elle transigea avec Balthazar de Chanaleilles, son cousin germain, le 18 mars 1515;
- *C.* Clémence de Chanaleilles;
- *D.* Claude de Chanaleilles;
- *E.* Jeanne de Chanaleilles;
- *F.* Miracle IIe de Chanaleilles;

Ces quatre derniers sont nommés dans la transaction du 18 mars 1515. On ignore leur destinée ultérieure.

2° Guillaume III, qui continue la postérité, et dont l'article suit;

3° Miracle Ire de Chanaleilles, mariée en 1427, à Barthélemi de Vincens de Mauléon, baron de Brantes, seigneur de Causans, de Savoillans, de Saint-Léger et de La Garde-Paréol, fils de Jacques de Vincens de Mauléon, seigneur de Causans, et d'Argentine de Verchères (*Hist. de la Noblesse du comté Venaissin, par Pithon-Curt*, t. III, p. 558);

4° Hélips de Chanaleilles, mariée, par contrat passé devant La Roche, notaire à Viviers, le 15 juin 1442, avec Olivier de Caritat, troisième du nom, seigneur de Camaret, de Rousset et de Saint-Pantaly, au comtat du Pègue et d'Alençon, en Dauphiné. (*Hist. de la Noblesse du comté Venaissin*, par *Pithon-Curt.*, t. IV, p. 616). Ce mariage fut célébré à Viviers, dans la maison de Jean de Claris;

5° Agnès de Chanaleilles, mariée, avant le 11 avril 1456, avec noble Perceval du Bourg-Juif, du lieu de Piolenc, au delà du Rhône, au diocèse d'Orange.

X. Guillaume III de Chanaleilles, écuyer, bailli du lieu et mandement de Jaujac, au diocèse de Viviers, assista comme arbitre à un traité passé, le 10 décembre 1482, entre noble et puissant seigneur messire Guillaume d'Arlempde, seigneur de Courcelles, et noble homme Hilaire, seigneur de Castrevieille, passa une transaction par-devant Anglat, notaire de Lanas, le 27 juin 1407, avec nobles et puissants hommes Philippe de Balasuc, seigneur de Montréal, co-seigneur de Jaujac, et Antoine de Balasuc, son fils; rendit hommage-lige, au nom d'Émeraud de Chanaleilles, le 15 février 1501, à magnifique et puissant homme Jacques, seigneur d'Apchier et de La Gorce, de ce qu'il tenait de lui en fief franc, dans les lieux et mandements de La Gorce et de Valon, ainsi et de la même manière que l'avait fait, le 29 mars 1473, Pierre, son père, aïeul du même Émeraud. Guillaume de Chanaleilles ne vivait plus le 18 mars 1515. Il épousa Marguerite de Cadris et eut pour fils Balthazar, qui suit : DE CADRIS.

XI. Balthazar de Chanaleilles, écuyer, seigneur du Pin et de Fabras, bailli du lieu et mandement de Jaujac, était marié avec noble Gabrielle de Crochans du Bourg-Juif, du lieu de Piolenc, diocèse d'Orange, lorsqu'il transigea, le 18 mars 1515, devant Pierre de Vals, notaire royal, avec Marguerite de Chanaleilles, sa cousine germaine, veuve de noble Jacques de Madières, au sujet de ses droits légitimaires. Ces deux époux reçurent, le 10 mai 1516, une quittance de la somme de cent livres tournois, qu'ils avaient payée à noble Barthélemi Johannini, seigneur d'Aulaignes, au diocèse de Lodève, mari de noble Gabrielle de Madières, fille et donataire de noble Marguerite de Chanaleilles. Balthazar donna, le 9 mars 1539, le dénombrement de ce qu'il tenait en fief franc et noble dans les mandements de Jaujac, de Meyras et ailleurs, sous l'hommage et seigneurie de M. le comte de Ventadour, seigneur de La Voute, de Meyras et de Jaujac, et fit son testament dans la salle de la maison du Pin, par-devant Pierre de Laval, notaire royal, le 4 février 1540, par lequel

DE CROCHANS DU BOURGJUIF.

il élut sa sépulture en sa chapelle de l'église de Fabras. Ses enfants furent :

1° Bernard de Chanaleilles, marié avec Nicole de La Garde de Chambonas, mort sans postérité avant le 26 avril 1565;
2° Hilaire, qui continue la lignée, et dont l'article suit;
3° François de Chanaleilles, légataire de cent livres, le 4 février 1540;
4° Louise de Chanaleilles, femme de Claude du Bois, du lieu de Meyras, légataire de son père;
5° Marguerite de Chanaleilles;
6° Jeanne de Chanaleilles, citée dans un acte, reçu par Falcon, notaire, du pénultième de juin 1569, comme ayant été marraine de la cloche de l'église de Fay-le-Froid, dont le parrain fut Jean de Rhulier, laquelle cloche fut bénie par Antoine de Senneterre et Jean de Senneterre son neveu, en présence de Balthazar de Chanaleilles, père de ladite Jeanne;
Ces deux derniers, légataires chacune de deux cents livres, payables le jour de leur mariage.

Enfants naturels :

7° Antoine de Chanaleilles,
8° Jean de Chanaleilles,
Auxquels leur père légua la nourriture et l'habillement, voulant, en outre, que Jean fût élevé aux écoles, pour apprendre science et doctrine.

XII. Hilaire de Chanaleilles, écuyer, seigneur du Pin et de La Valette, épousa, par contrat passé le 26 juillet 1556, devant Claudet Ardit, de Saint-Laurent, et Claude de Laval, de Jaujac, notaires royaux, Claude d'Agrain, fille de feu Gaspard d'Agrain, seigneur des Ubaz, et de Marguerite de Prunet, laquelle constitua à sa fille neuf cents livres tournois en dot, et cent vingt livres pour ses robes et habillements nuptiaux [1]. Hilaire de Chanaleilles fit, le 10 février 1563, son testament, par-devant François de Langlade, notaire royal de Jaujac, et un codicille, le 28 avril 1565, par-devant Gilbert de Langlade, fils de feu François de Langlade, par lequel il choisit sa sépulture dans la chapelle de la maison du Pin, en l'église de Fabras. Il fut père de :

D'AGRAIN DES UBAZ, d'azur au chef d'or.

1° Jean de Chanaleilles, mort sans postérité;
2° Gaspard de Chanaleilles, écuyer, seigneur de La Saumès, auteur de la branche de La Saumès, rapportée plus loin;
3° Balthazar de Chanaleilles, deuxième du nom, écuyer, seigneur du Pin, qui fit son testament le 6 juin 1625. Il avait épousé, le 2 octobre 1583, Louise de Castrevieille, de laquelle il eut :

DE CASTREVIEILLE.

[1] La maison d'Agrain vient de s'éteindre. Elle descendait d'Eustache d'Agrain, prince de Sidon et de Césarée, vice-roi et connétable du royaume de Jérusalem, à la première croisade.

A. François de Chanaleilles, seigneur de La Valette, baron de Retourtour et des États du Vivarais, marié en 1612 avec Anne de Tournon du Vergier, de laquelle il n'eut que deux filles, savoir :

a. Louise-Geneviève de Chanaleilles, mariée le 26 décembre 1630, par contrat passé devant Escoffier, notaire royal à Lamastre, et d'après dispense du Pape, avec son cousin germain François-Christophe de Tournon, chevalier, seigneur de Mayres, de Desaignes et du Vergier, baron de La Mastre, fils de François de Tournon, *dit* de Mayres, chevalier, seigneur de Mayres et de Rouveyrolles, et de Suzanne de Barjac, sa première femme; il fut stipulé dans le contrat de mariage qu'il prendrait le nom et les armes de Chanaleilles, ainsi que leur postérité;

b. Félicie de Chanaleilles, mariée, le 18 février 1642, avec César de Lestrange, chevalier, seigneur de Groson, fils de Jean de Lestrange, chevalier, seigneur du même lieu;

B. Gabrielle de Chanaleilles, mariée à noble Samuel de Teyssier, seigneur du Roux, veuve en 1628;

4° Jean-Claude de Chanaleilles, dont l'article suit;

5° Marguerite de Chanaleilles, légataire de son père, le 10 février 1563, mariée avec Jean de Rostaing.

Fille naturelle :

6° Françoise de Chanaleilles, à laquelle son père fit un legs le 10 février 1563.

BRANCHE DES SEIGNEURS DU VILLARD,

MARQUIS DE CHANALEILLES.

XIII. Jean-Claude de Chanaleilles, seigneur du Buisson, quatrième fils d'Hilaire de Chanaleilles, seigneur du Pin et de La Vallette (dite aujourd'hui le Villard), et de Claude d'Agrain des Ubaz, fut légataire de son père, par le codicille fait le 26 avril 1565, dans lequel Hilaire de Chanaleilles, dit qu'il lui est né un fils depuis le testament qu'il avait fait en 1563, et qu'il lui lègue pareille somme qu'à ses frères [1] Jean-Claude de Chanaleilles usa de son influence dans l'Auvergne et dans le Vivarais, pour rendre de grands services au roi

[1] C'est par erreur qu'il a été mentionné comme posthume par le baron d'Aubais dans les jugements de maintenue de la noblesse du Languedoc, qu'il a imprimés à la fin du deuxième volume de l'ouvrage intitulé : *Pièces fugitives pour servir à l'histoire de France*, 3 volumes in-4. 1759.

Henri IV. Ce monarque lui écrivit souvent lui-même de sa main pour les reconnaître et l'en remercier. Plusieurs de ces lettres autographes de Henri IV sont conservées dans les archives du marquis de Chanaleilles. Elles sont imprimées dans le recueil publié sous les auspices du gouvernement, par M. Berger de Xivrey, membre de l'Académie des inscriptions et belles-lettres, ouvrage qui fait partie de la collection des documents inédits relatifs à l'histoire de France. Voici quelques-unes de ces lettres, textuellement rapportées :

Lettre autographe de Henri IV à Monsieur de Chanaleilles.

Monsieur de Chananeylles, je vous fes ce mot par le sieur Barthélemy, que je vous ranvoye contanté de tout poynt en votre faveur. Il a charge de vous dyre ce que j'atans de votre afectyon pour haster la persuasyon du conte de Clermont. Ce m'est de grande ymportanse et urgense dans cet estat des aferes de Lyon. Conférés au plus tost avec Lafyn, quy va passer dans vos quartyers. Surtout ne ménagés vos bons advys et votre crédyt à l'endroyt de la comtesse [1]. Je say qu'elle peut beaucoup pour le résoudre et tyrer la bryde à bien. Adieu, Monsieur de Chananeylles, je m'an remets du tout sur votre dévotyon ordynère pour le byen de mon servyse.

A Vernon, ce xme décembre.

Votre plus afectyoné amy,

Henry.

Autre lettre autographe de Henri IV à Monsieur de Chanaleilles.

Monsieur de Chananeylles, j'ay antandu le grant et fidèle devoyr que vous avés fayt pour mayntenyr la vylle de Monferrant an mon obéyssance. Je vous says très bon gré de vos offyces an cette occasyon, et m'asseure de votre prudence pour prendre toutes autres bonnes dysposytyons que vous verres estre nécesseres. C'est surtout ceux de la noblesse qu'yl est besoyn d'atyrer et antretenyr an bone dévotyon. Je say combyen le marquys de Saynt-Sorlyn les pratyque. Les eschevyns, dyt-on, me sont tout acquys. Mandés moi ce qu'an pansés, et toutes autres nouvelles. Adyeu, Monsieur de Chananeylles, persévérés dans votre méryte et asseurés vous du desyr qu'a de le reconoytre par bons effets

Votre plus asseuré amy,

Henry.

[1] C'est peut-être de la comtesse Corisandre de Grammont que Henri IV veut parler ici, ou plutôt de la comtesse de Clermont, avec laquelle Jean-Claude de Chanaleilles était lié particulièrement.

Autre lettre autographe de Henri IV à Monsieur de Chanaleilles.

Monsieur de Chananeylles, j'ay esté très ayse d'antandre par le sieur de Lubersac la bone assystanse que vous lui avés fete dans son antrepryse et le zèle que vous aportés en toutes occasyons au byen de mes afères. Par quoy, outre l'honneur que vous acquérés, en ce fesant, vous devés espérer part dans ma bone grâce et prandre asseurance que je ne seray jamès mécognoyssant de vos servyses. Je vous prie de demeurer par dellà avec le sieur Lanocle, jusqu'à perfection des afères dont yl a charge et croyés que je vous sauray autant gré de ce que vous ferés par dellà que si le fesyés à ma vue. C'est

Votre plus assuré amy,

HENRY.

Lettre autographe de Henri IV, au sujet de Monsieur de Chanaleilles,
Adressée à Monsieur de Saint-André, et transmise par celui-ci à Monsieur de Chanaleilles.

Monsieur de Saint-André, pour ce que j'ay toute asseurance et expéryence du méryte du sieur de Chananeylles, je vous prye luy communyquer le double de votre ynstructyon, ansamble du chyfre que vous avés de moy, afyn que s'yl survyent par devers luy chose quy requyert prompt advys, yl me le puysse donner aussytost, ou a monsieur le connestable. Je vous prye luy dire par mesme occasyon le contantement que j'ay de sa conduyte et afectyon à mon servyse, et que mon yntentyon est de le reconnoytre an bref, an nommant le dyt sieur de Chananeylles l'un des jantilshomes ordinères de ma chambre[1], ce quy le doyt ancore plus particulyèremant angager d'advancer sa négocyation à bon terme. Ne fayllés au reste de me mander au plus tost des nouvelles de dellà, et assurés vous tousjours de la bone volonté de

Votre byen afectyoné metre et amy

HENRY.

Lettre de Henri IV à Monsieur de Chanaleilles, dictée à son secrétaire Forget,
et signée par le roi.

Monsieur de Chananeylles, avec la commodité qui se présente du sieur de Bonnevie, s'en retournant par delà, je n'ay voulu faillir de vous faire ce mot, pour que vous sçachiez le contentement que j'ay eu du bon devoir que vous fistes en la réduction des places que les ennemis occupoient au gouvernement de mon cousin le conte de la Voulte. En quoy je vous prye continuer et ne poinct vous lasser de bien faire, et j'ay

1. Il refusa cette place de cour et préféra conserver son influence et son indépendance en province.

bien voulu vous faire cesteci pour vous ordonner de vous rendre près de mondit cousin, au premier mandement qu'il vous en fera, pour entendre ce qu'il vous dira de ma part pour mon service, en quoy vous l'assisterez de tout votre pouvoir; et m'asseurant que vous ne voudrez manquer à cette occasion qui sera belle pour acquérir surcroît de réputation et d'honneur, je prieray Dieu, Monsieur de Chananeilles, vous avoir en sa sainte garde. Escript au camp de Gisors, le seizième jour d'octobre 1590.

HENRY.

FORGET.

Jean-Claude transigea, ainsi que Balthazar, avec Gaspard de Chanaleilles, leur frère aîné, le 13 novembre 1614, au sujet de leurs droits légitimaires, et se maria, par contrat passé devant Jacques Mathieu, notaire royal de l'ancienne retenue de Jaujac, le dernier février 1619, avec Claudine de La Tour des Bains, fille de Claude de La Tour des Bains, seigneur du Cros, et de Gabrielle de Gonschal. Jean-Claude testa le 1er avril 1629, et fut père de :

DE LA TOUR DES BAINS, d'or à la tour de gueules, maçonnée de sable.

1° Claude, dont l'article suit;
2° François de Chanaleilles, seigneur du Buisson, de Chaix de Beaufort, etc., demeurant à Villeneuve-de-Berg, marié, le 19 décembre 1655, avec Gabrielle de Teissier de Salras, dont il eut :
   - *A.* Catherine de Chanaleilles, mariée, par contrat du 5 février 1693, avec François d'Hautefort de Lestrange de Gontaut, seigneur de Montréal, de Joannas, etc., fils de Gabriel de Hautefort, chevalier, baron de Lestrange, seigneur de Montréal et de Joannas, et de Marie de Balazuc;
3° Joseph-Benjamin de Chanaleilles, seigneur de Lassagnes, y demeurant;
4° Anne-François de Chanaleilles, seigneur de la Croze, y demeurant, maintenu dans sa noblesse avec ses frères, le 6 mars 1670. Il épousa, en 168.., N. de Langlade, fille de Paul de Langlade et d'Aimée de Bonneval, et il en eut deux fils, qui formèrent une branche, appelée de Bellenave, dont on ignore la descendance.

XIV. CLAUDE DE CHANALEILLES, écuyer, seigneur du Villard, ci-devant La Vallette, de Villeneuve, de Ranc, de Saint-Cirgues, de Veyrières, de La Tayre, etc., demeurant au château de Villeneuve, capitaine dans le régiment de Roussillon en 1642, épousa : 1° le 20 octobre 1647, Isabeau de Reinaud; 2° par contrat passé au château du Villard, devant Laffare, notaire royal de Saint-Cirgues-en-Montagne, le 4 juillet 1655, Marie de Langlade, fille

DE REINAUD.

de Scipion de Langlade, seigneur et baron des Éperviers, et de Louise de Tayssier de Salras. Marie de Langlade ne vivait plus le 14 septembre 1700[1]. Ils eurent le fils unique qui suit :

DE LANGLADE, parti, au 1 d'azur, à l'aigle d'or, au 2 d'hermine.

XV. EUSTACHE DE CHANALEILLES, seigneur du Villard, de Villeneuve, du Roux et autres places, baron des Éperviers, avait épousé, par contrat passé au château de Banas, devant Mienneuf et Maspetit, notaires royaux, le 14 septembre 1700, Marie-Françoise de Monteil[2], fille de Jean de Monteil, deuxième du nom, seigneur de La Faurie, de Saint-Quentin, de Banes, de Saint-Vincent de Durfort, co-seigneur de Boucieu-le-Roi, etc., colonel d'un régiment d'infanterie de son nom, et de Marie de Chambaud, dame de Banas. Ce mariage fut célébré en présence de Thomas Alberti, Viguier de Bagnols, de Louis de La Baume, seigneur de Suze, d'Etienne Girost, gouverneur d'Orange, etc., dans la maison de Jean de Claris, à Viviers. Eustache avait fait son testament le 8 mai 1710, et mourut brigadier d'infanterie, ayant servi aux armées d'Italie, du Rhin et de la Moselle pendant les campagnes de 1734. (Annuaire militaire de 1735, intitulé *Second abrégé de la carte du militaire de France*, Paris, 1735.) Il fut père de :

DE MONTEIL, d'azur, au griffon d'argent, becqué, langué et armé de gueules.

1° Charles, dont l'article suit;
2° Hyacinthe de Chanaleilles, capitaine dans le régiment de Berri, tué au siége de Prague, en 1741. Il avait la taille de six pieds un pouce, chose remarquable, et fut blessé mortellement d'une balle reçue à la tête, au milieu du front;
3° Juliette de Chanaleilles, qui vivait le 11 septembre 1724.

XVI. CHARLES DE CHANALEILLES, chevalier, titré marquis de Chanaleilles, seigneur du Villard, de Villeneuve, du Roux et autres places, baron des Éperviers, avait épousé, par contrat passé au château de Mathias, paroisse de Fay, devant Rivière, notaire royal, le 11 septembre 1724, Madeleine de

[1] La baronnie et seigneurie des Eperviers passa par cette alliance dans la maison de Chanaleilles, avec les ruines du château de Ventadour, qui avait été détruit en 1626, dans les guerres de religion. Ce château avait été fondé vers l'an 1200, par Guigon, seigneur de La Roche en Reynier, en Velay, qui épousa Jordane de Montlaur, et vint se fixer en Vivarais. Il passa ensuite par une alliance dans la maison de Lévis-Ventadour, qui le conserva longtemps, et dont il prit le nom. Plus tard, il appartenait à la maison de Langlade, qui le porta ainsi à celle de Chanaleilles, avec la baronnie des Éperviers.

[2] Tante du vicomte de Monteil, capitaine-colonel des Cent-Suisses de la garde de monseigneur le comte d'Artois, à l'époque de la révolution, lequel avait pour frères le marquis de Monteil, lieutenant-général des armées du roi, anciennement ambassadeur en Pologne, et le baron de Monteil, vice-amiral des armées navales, tous les trois morts sans postérité. Le vicomte avait épousé mademoiselle de Lévis-Mirepoix, et le baron mademoiselle de Sabran. Cette maison est aujourd'hui éteinte.

DE CHAMBARLHAC, d'azur au chevron d'or, accompagné de trois colombes d'argent, becquées et membrées de gueules.

Chambarlhac, fille de feu messire Charles de Chambarlhac, chevalier, seigneur de Fontmorette, du Monteillet et autres places, et de dame Madeleine de Rajon; elle fut assistée à ce contrat par messire Antoine Odde de La Tour-du-Villan, et par messire Guillot-Joseph de La Bastie, seigneur de Rulhier, ses oncles. Il avait servi longtemps et fut fait maréchal-de-camp le 1er août 1734, ayant été blessé à l'attaque des lignes d'Ettlingen, en Allemagne, le 5 mai de la même année. Il laissa pour enfants :

1° Joseph-Guillaume, qui suit;
2° Marie Suzanne de Chanaleilles, appelée mademoiselle de Fontmourette;
3° Madeleine de Chanaleilles, mariée, le 30 juin 1748, à Louis-Charles de La Motte Chalendar.

XVII. Joseph-Guillaume de Chanaleilles, marquis de Chanaleilles, chevalier, seigneur du Villard, de Montpezat, du Roux, du Colombier, de Collanges, de Prunerolles, de Ventes et autres places, capitaine de dragons au régiment de Septimanie, fit son testament olographe à Aubenas, le 19 août 1767. Il avait épousé, par contrat passé devant Joseph-Simon-Michel Gollier, notaire apostolique à Avignon, Marie-Agathe de Durand de Rilly, qui mourut victime du tribunal révolutionnaire d'Orange, le 16 thermidor an II (3 août 1794), pour avoir correspondu avec ses deux fils, émigrés, et qui était fille de haut et puissant seigneur messire Joseph de Durand, chevalier, seigneur de Rilly et de Villeblain [1], et de haute et puissante dame Laure-Lucrèce de Magnin de Gaste. De ce mariage sont issus :

DE RILLY, d'argent, à trois maillets de gueules.

1° Charles-François-Guillaume, dont l'article suit;
2° Louis-Charles-Isidore de Chanaleilles, reçu, en 1787, chevalier de justice de l'ordre de Saint-Jean de Jérusalem, *dit* de Malte, qui a servi en qualité d'enseigne sur les vaisseaux de son ordre;
3° Joséphine-Madeleine-Benoîte de Chanaleilles, à laquelle sa grand'mère légua 10,000 livres; mariée en..... à N. de Laulanhier;
4° Laure-Émélie-Madeleine de Chanaleilles;
5° Louise-Madeleine-Charlotte de Chanaleilles.

XVIII. Charles-François-Guillaume de Chanaleilles, marquis de Chanaleilles, de Montpezat, du Villard, de Chambonas, baron des Éperviers, etc.,

[1] La maison de Rilly est aujourd'hui éteinte.

reçu, en 1794, chevalier de justice honoraire, ou non-profès, dans l'ordre de Saint-Jean de Jérusalem, *dit* de Malte, pair de France, ancien capitaine des vaisseaux du roi, chevalier de l'ordre royal et militaire de Saint-Louis, officier de la Légion d'honneur, membre du conseil-général de l'Ardèche, lequel a épousé, en 1807, Marie-Josèphe-Rose de Carrère, fille de messire Pierre-Jacques de Carrère, et de Marie-Josèphe-Rose de Diant. De ce mariage sont issus :

DE CARRÈRE, coupé au 1 d'azur, à trois trèfles rangés d'or ; au 2 de gueules, à l'ancre d'argent, le trabe d'or ; à la face en divise d'argent, chargé de cinq losanges de sable.

1° Sosthènes de Chanaleilles, dont l'article suit ;
2° Gustave-Adolphe, comte de Chanaleilles, lieutenant-colonel du 68e de ligne, chevalier de la Légion d'honneur et de l'ordre de Pie IX ; marié le 18 novembre 1853, à Marie-Louise-Napoléone-Ofrésie de Las Cases, fille du comte de Las Cases et d'Henriette de Kergariou ;
3° Adolphe-Gustave, vicomte de Chanaleilles, colonel du 68e de ligne, officier de la Légion d'honneur, frère jumeau du précédent, marié en avril 1850, à Blanche d'Andlau.

XIX. Sosthènes de Chanaleilles, marquis de Chanaleilles, de Montpezat et de Chambonas, baron des Éperviers, ancien page du roi Louis XVIII, retraité lieutenant-colonel du 4e régiment de chasseurs d'Afrique, chevalier de la Légion d'honneur, et ancien membre du conseil-général de l'Ardèche, lequel a épousé, à Paris, le 29 mai 1832, Marie-Victurnienne-Stéphanie des Balbes de Berton de Crillon, seconde fille du duc de Crillon, pair de France, maréchal-de-camp, grand-officier de la Légion d'honneur, et de Zoé de Rochechouart de Mortemart, duchesse de Crillon. Madame la marquise de Chanaleilles est aujourd'hui dame d'honneur de S. A. R. madame la duchesse d'Orléans. De ce mariage sont issus :

DE CRILLON, d'or, à cinq cotices d'azur.

1° Félix-Hélye de Chanaleilles, décédé le 15 mai 1853, à l'âge de 18 ans ;
2° Marie-Isabelle de Chanaleilles.

BRANCHE DES SEIGNEURS DE LA SAUMÈS,

MARQUIS DE LA SAUMÈS.

XIII. GASPARD DE CHANALEILLES, écuyer, seigneur du Pin, de La Saumès, de Jagonas et autres lieux, deuxième fils d'Hilaire de Chanaleilles et de Claude d'Agrain des Ubaz, fut capitaine d'une compagnie de cent hommes de pied, par commission du 11 mars 1587, et transigea avec ses frères Balthazar et Jean-Claude le 13 novembre 1614. Il fit deux testaments, le premier devant Rodilh, notaire royal, le 28 mars 1617, et le second, devant Burelli, notaire royal, le 12 octobre 1626, par lesquels il voulut être inhumé en sa chapelle, fondée en l'église de la Blachère, au tombeau de ses prédécesseurs de la maison de la Saumès. Il avait épousé : 1° par contrat du 26 novembre 1589, passé devant Jean du Serre, notaire royal de la ville de Joyeuse, Catherine de Borne, dame de la Saumès, qui lui porta la terre de ce nom, et dont il n'eut point d'enfants. Elle était fille de Charles de Borne, seigneur de la Saumès, au mandement de Joyeuse, et de Catherine de la Balme, et veuve d'Anne de Rozilhes, seigneur de Laurac. 2° Par contrat passé devant le même Jean du Serre, le 22 novembre 1601, il épousa en deuxièmes noces Jeanne de Rosilhes, fille de feu Guillaume, seigneur de Rozilhes et de Laurac, et de Jeanne de Budos. Cette dernière était fille de Jean de Budos, marquis de Portes, et de Louise de Porcelet, et sœur de Louise de Budos, mariée, le 19 mars 1593, à Henri, duc de Montmorency, pair et connétable de France, dont la fille, Marguerite de Montmorency, épousa, le 3 mars 1609, Henri de Bourbon, prince de Condé [1]. Jeanne de Rozilhes fit son testament devant Pascal, notaire de Joyeuse, le 3 septembre 1632, étant alors veuve de Gaspard de Chanaleilles. De ce dernier mariage sont issus :

DE BORNE DE LA SAUMÈS, d'or, à l'ours de sable, lampassé et armé de gueules.

DE ROZILHES.

1° Claude de Chanaleilles, deuxième du nom, écuyer, seigneur de la Saumès, baron de Jagonas Il était capitaine au régiment de Languedoc, le 3 décembre 1632; obtint une compagnie dans le régiment du Roure, en 1636, et servit au siége de

[1] Par cette alliance, Gaspard de Chanaleilles devint neveu du connétable de Montmorency et cousin germain du prince de Condé; et Jean-Louis de Chanaleilles, comte de La Saumès, qui fit les preuves de cour en 1785, se trouva parent, du septième au huitième degré, avec monseigneur le prince de Condé et monseigneur le prince de Conti.

Fontarabie et au secours de Salces, ainsi que l'atteste un certificat du prince de Condé, du 20 octobre 1639. Il avait épousé : 1° par suite d'accord fait par son père, le 3 novembre 1610, Marguerite de Saint-Haon, fille de noble Claude, seigneur de Saint-Haon, de Jagonas en partie et autres places, et d'Antoinette de Gaultier; 2° Catherine de Roquard[1], fille de Jacques de Roquard, co-seigneur de la Garde-Paréol et de la Motte, chevalier de l'ordre du roi, gentilhomme ordinaire de la chambre de Louis XIII, conseiller d'État, et d'Antoinette de Montfaucon de Lévis. Claude de Chanaleilles n'ayant point d'enfant, fit son testament, le 28 décembre 1639, en faveur de sa mère et de Guillaume, son frère;

2° Guillaume III, qui continue la lignée et dont l'article suit;

3° Joachim de Chanaleilles, qui fut reçu au nombre des pages du grand-maître de l'ordre de Malte, suivant la commission nommée pour ses preuves, le 4 juin 1624;

4° Antoine-Hercule de Chanaleilles, seigneur de Servières, qui était enseigne de la compagnie colonelle du régiment du sieur de Castrevieille, en garnison à Montauroux, en Provence, lorsqu'il fit son testament le 28 novembre 1636;

5° Catherine de Chanaleilles, légataire de son père le 28 mars 1617, et de sa mère le 3 septembre 163?, mariée le 8 février 1658, à Antoine des Arcis, seigneur de Colonges.

XIV. Guillaume de Chanaleilles, qualifié haut et puissant seigneur, ainsi que les aînés de ses descendants, chevalier, comte de La Saumès, baron de Jagonas et du Sault, seigneur de La Charve, de Baubiac, de Vernon et autres lieux, capitaine d'une compagnie de cent hommes de pied au régiment du sieur de la Vernède, par commission du 31 juillet 1632, fut maintenu dans son ancienne extraction noble, par ordonnance de M. Bazin de Bezons, intendant en Languedoc, rendue à Montpellier, le 6 mars 1670, et fit son testament en son château de La Saumès, devant Motte, notaire royal, le 13 décembre 1678, testament par lequel il voulut être inhumé au tombeau de ses prédécesseurs, dans la chapelle qu'ils avaient fondée en l'église paroissiale de Saint-Julien de La Blachère. Il avait épousé, par contrat passé à Saint-Andéol, le 26 septembre 1655, devant Étienne Motte et Antoine Espiard, notaires royaux, Jeanne de Gabriac de Rouchon, qui testa au château de La Saumès, le 15 juillet 1714, fille de Joachim de Gabriac, *dit* de Barjac, seigneur du Sault, co-seigneur du bourg Saint-Andéol et de Saint-Marcel d'Ardèche, et de feu Françoise de Banes d'Avejau. Leurs enfants furent :

DE GABRIAC, de gueules, à sept losanges d'or.

[1] Catherine de Roquard épousa en secondes noces, le 1er mars 1642, Guy Pape, baron de Saint-Auban et de Sahune, en Dauphiné, et fut nommée, par brevet du 9 décembre 1658, dame d'honneur de la reine Anne d'Autriche.

1° Guillaume-Joseph, premier du nom de Chanaleilles, chevalier, comte de La Saumès, baron de Jagonas, du Sault et autres places, décédé avant le 24 mars 1701, lieutenant du roi en la province de Languedoc, sans enfants du mariage qu'il avait contracté avec Antoinette de Charreton, veuve en premières noces de Jean-Baptiste de Hilerin, chevalier, seigneur de Bazoches, conseiller au parlement;

2° Jean-Baptiste, qui continue la lignée et dont l'article suit;

3° Jeanne-Marie de Chanaleilles, demoiselle de La Saumès, à laquelle son père légua 10,000 livres;

4° Gabrielle de Chanaleilles, qui, ainsi que ses sœurs Marie et Jeanne, eut un legs de 10,000 livres;

5° Marie de Chanaleilles, mariée à Guillaume de Ginestous, co-seigneur de Vernon, fils d'Anne de Ginestous, seigneur de Vernon, et de Diane de Goys de Corbières. Elle ne vivait plus lors du testament de sa mère;

6° Jeanne de Chanaleilles, veuve, en 1718, de Jean-Louis de Pons, chevalier, co-seigneur de La Garde-Paréol et de La Motte;

7° Marie-Anne de Chanaleilles, religieuse au couvent des Ursulines du bourg Saint-Andéol, en 1678.

XV. Jean-Baptiste de Chanaleilles, premier du nom, comte de La Saumès, seigneur et baron de Jagonas, du Sault, du Pouget, co-seigneur du château et mandement de Vernon, de la ville de Vans, du mandement de Naves, de Casteljau et autres places, fut connu, du vivant de son frère aîné, dont il devint héritier, sous le nom de *Chevalier de la Saumès*. Il servait depuis deux ans et neuf mois dans la première compagnie des mousquetaires, lorsque le roi lui donna, le 26 avril 1693, une compagnie de cavalerie au régiment de Fiennes. Il était lieutenant du roi de la province de Languedoc, au département du Haut-Vivarais et du Velay [1], lorsqu'il transigea, le 24 mars 1701, avec Antoinette de Charreton, sa belle-sœur, sur la liquidation de ses droits. Par contrat passé à Largentière, le 23 juin 1701, devant Antoine Chaunac et Rostaing Boyer, notaires royaux, le comte de la Saumès épousa Louise de Largier, fille de noble Jean de Largier et de feu dame Marie de Doriple. Ils firent leur testament mutuel au château de La Saumès, devant Salel, notaire royal, le 23 avril 1721. Elle se remaria, avant le 11 novembre 1738, avec François d'Ysarn, marquis de Villefort, et fit un second testament au château de la Saumès, le 18 septembre 1750, devant Billet, notaire royal. Jean-Baptiste de Chanaleilles fut père de :

DE LARGIER, d'azur au chevron d'or, accompagné en chef de deux roses d'argent, et en pointe d'une tour du même.

[1] Il avait prêté serment au roi pour cette charge dès le 17 septembre 1697.

1° Guillaume-Joseph, dont l'article suit;
2° Jeanne de Chanaleilles, religieuse bénédictine à Aubenas en 1750;
3° Marie-Anne de Chanaleilles, veuve, en 1750, d'Alexandre de Chambaud, seigneur de Saint-Lager;
4° Madeleine de Chanaleilles, légataire de sa mère en 1721,

XVI. Guillaume-Joseph de Chanaleilles, deuxième du nom, chevalier, marquis de la Saumès, baron de Ribes, seigneur de Saint-André-la-Champ, du Sault, de Planzoles, du Petit-Paris, etc., co-seigneur du château et mandement de Vernon, de La Blachère, de la ville des Vans, du mandement de Naves, dans l'Uzège, de Jalavoux et des Ternes, dans le Velay, mousquetaire, puis officier au régiment du roi, infanterie, épousa, par contrat du 12 novembre 1738, passé devant Barthélemy, notaire royal de la ville du Puy, Marie-Gabrielle-Claudine Bernard de Jalavoux, qui fit son testament à Joyeuse, devant Louis Tolède, avocat et notaire royal à Saint-Alban, le 21 avril 1782. Elle était fille de Pierre Bernard, écuyer, baron de Jalavoux, seigneur des Ternes et autres places, et de Claudine de Borie. Leurs enfants furent :

DE JALAVOUX, d'argent, à l'écureuil rampant de gueules, au chef d'azur, chargé d'un cor de chasse d'or, lié d'argent.

1° Jean-Louis de Chanaleilles, chevalier, comte de La Saumès, né le 18 mai 1742, capitaine au régiment d'Auvergne, major du second régiment d'état-major, puis chef de bataillon, décédé en 1822. Il fit, le 29 novembre 1777, les preuves de noblesse devant les commissaires des États de Languedoc, pour y siéger en qualité d'envoyé de la baronnie de Castelnau-d'Estrettefonds, preuves qu'il remonta au delà de l'année 1274. Il fit également, au mois de mai 1785, par devant M. Chérin, généalogiste du cabinet des ordres du roi, les preuves exigées pour monter dans les carrosses du roi et suivre Sa Majesté à la chasse, honneur qui lui fut accordé le 3 novembre de la même année. Il épousa : 1° Marie-Rose du Vidal de Montferrier; et 2° par contrat passé devant Duclos Dufresnoy et son confrère, notaires au Châtelet de Paris, le 17 juin 1780, Madeleine Gerbier de Franville, fille de Pierre-Jean-Baptiste Gerbier, chevalier, avocat au Parlement, conseiller de Monsieur, frère du roi, en tous ses conseils, intendant de ses maisons, domaines et finances, seigneur du marquisat de Franville et autres lieux, etc. Il n'a pas eu d'enfants de ces deux mariages;
2° Joseph-François de Sales de Chanaleilles, chevalier de La Saumès, né à Joyeuse le 15 mai 1743, enseigne au régiment de Normandie le 21 août 1759, lieutenant au mois d'août suivant, capitaine le 4 mai 1771, capitaine-commandant des chasseurs du régiment de Neustrie le 28 février 1778, chevalier de l'ordre royal et militaire de Saint-Louis le 21 avril 1783, major du régiment de Flandres le 15 avril 1784; retraité lieutenant-colonel;

3o Pierre-Régis de Chanaleilles, religieux bénédictin, prieur de Lucy-le-Bourg;
4o Jean-Baptiste de Chanaleilles, dont l'article suit;
5o Joseph-Guillaume de Chanaleilles, prêtre, docteur de Sorbonne, vicaire-général du diocèse de Nancy;
6o Pierre-Joseph de Chanaleilles, prêtre, vicaire-général du diocèse de Viviers; mort chanoine de l'évêché de Nîmes;
7o Marie-Anne de Chanaleilles;
8o Jeanne-Gabrielle de Chanaleilles;
9o Louise-Claudine de Chanaleilles.
Ces trois dernières étaient vivantes en 1785.
10o Marie-Claudine de Chanaleilles, religieuse à l'abbaye d'Aubenas;
11o Marie-Madeleine de Chanaleilles, religieuse à Largentière.

DE GABRIAC, de gueules, à sept losanges d'or.

XVII. Jean-Baptiste de Chanaleilles, deuxième du nom, marquis de la Saumès, lieutenant au troisième régiment de chasseurs à cheval, en 1785, fut obligé de quitter le service par suite de blessures reçues à la campagne de Corse. Il épousa Françoise-Madeleine-Émilie de Cadoëne de Gabriac, fille du marquis de Gabriac, dont il eut :

1o Louis-Etienne-Achille, dont l'article suit;
2o Henri-Gustave de Chanaleilles, marié sans enfants.

XVIII. Louis-Etienne-Achille de Chanaleilles, marquis de La Saumès, marié le 3 septembre 1844, avec Claude-Françoise-Charlotte de la Baume, fille d'Eugène de la Baume, colonel d'état-major, chevalier de Saint-Louis et officier de la Légion d'honneur. De ce mariage sont issus :

1o Charles-Henri-Gustave-Roger de Chanaleilles, né en novembre 1845;
2o Paul-Aimé-René de Chanaleilles, né en janvier 1853;
3o Françoise-Hippolyte-Gabrielle-Eugénie de Chanaleilles, née en décembre 1847;
4o Marie-Émilie-Blanche de Chanaleilles, née en décembre 1851.

On a vu, dans cette généalogie, que la maison de Chanaleilles a contracté ses alliances avec les familles suivantes :

D'Auroux-d'Aubusson, en 12..; de Rochon, en 1212; de Vals, en 13..; de Montgros, en 13..; du Bosc, en 1387; de Monjoc, en 1422; de Prunet, en 1434; de Castrevieille, en 14..; de Madières d'Aubaigues, en 14..; de Mauléon de Causans, en 1427; de Caritat-Condorcet, en 1442; de Piolenc, en 14..; de Cadris, en 14..; de Grochans du Bourg-Juif, en 15..; de La Garde de Chambonas, en 15..; d'Agrain des Hubas, en 1556; de Castrevieille, en 1583; de Borne de La Saumès, en 1589; de Rozilhes, en 1601 (d'où lui est venue sa parenté avec la maison de Bourbon et avec celle de Montmorency); de Saint-Haon, en 1610; de La Tour des Bains, en 1619; de Tournon, en 16..; de Tournon, en 1630; de Roquart, en 16..; de Lestranges, en 1642; de Langlade, en 16..; de Teyssier de Salras, en 1655; de Gabriac de Barjac, en 1655; de Langlade, en 1655; des Arcis, en 1658; d'Hautefort de Gontaut, en 1693; de Charreton, en 16..; de Monteil, en 1700; de Largier, en 1701; de Chambarlhac, en 1724; de Jalavoux, en 1738; de Rilly de Villeblain, en 17..; du Vidal de Montferrier, en 17..; de Franville, en 1780; de Cadoëne de Gabriac, en 18..; de Carrère, en 1807; des Balbes de Berton de Crillon de Mahon, en 1832; de La Baume, en 1844; d'Andlau, en 1850; et de Las Cases, en 1853.

La maison de Chanaleilles a contracté en outre, par ces alliances, des liens de parenté, ou des affinités, avec plusieurs membres d'autres familles, telles que les familles de Verchères, de Barjac, de Gonschal, de Balazuc, de Bonneval, de Lévis, de Sabran, de Budos, de Portes, de Porcelet, de Montmorency, de Bourbon, de Condé, de Conti, de Cluzel, de La Rochefoucauld, de Gaultier, de Montfaucon-Lévis, de Chambaud de Banas, de Vogüé, de Kersaint, de Duras, de Rauzan, de Larochejacquelein, de Lubersac, de Lostanges, de Virieu, de La Tourrette, de la Tour du Villan, de La Bastie de Rhulier, de Banes d'Avejau, de Goys de Corbières, de Borie, de Gaste, de Gévaudan, de Blou, de Bernardy, de Valgorge, de Salles, de Bouillé, de Perrinelle, du Hautvel, de Sambuis, de Brancas-Céreste, de Fortia, de Grammont, Pozzo di Borgo, de Caraman, de Lévis-Mirepoix, d'Herbouville, de Clermont-Tonnerre, de Polignac, du Laurens, de Rochechouart de Mortemart, de Montmorency, d'Avaray, de Laurencin, Borghèse, de Bernis, de Chevigné, de Sainte-Aldegonde, de Beauvau, de Craon, de Choiseul-Praslin, de Komar, de Crussol d'Uzès, de Beauvillers, de Forbin-Janson, de Noailles, de Sainte-Aldegonde, d'Havrincourt, de Guébriant, de Lagrange, Talon, du Cayla, de Brissac, d'Aubusson-Lafeuillade, de Tourzel, de Chalais-Périgord, de Beaufort, de La Garde, de Montalembert, de Rougé, de Vérac, de Sainte-Maure, de Lostanges, de Pastoret, de Francheville, de Tramecourt, de Perrien, de La Panouse, de Mérode, de Kergariou, etc., etc.

FIN DE LA GÉNÉALOGIE HISTORIQUE.

www.ingramcontent.com/pod-product-compliance
Ingram Content Group UK Ltd.
Pitfield, Milton Keynes, MK11 3LW, UK
UKHW021030200726
13857UKWH00004B/1693